La migración de la ballena jorobada

Grace Hansen

Abdo
LA MIGRACIÓN ANIMAL
Kids

abdopublishing.com

Published by Abdo Kids, a division of ABDO, P.O. Box 398166, Minneapolis, Minnesota 55439.

Copyright © 2018 by Abdo Consulting Group, Inc. International copyrights reserved in all countries. No part of this book may be reproduced in any form without written permission from the publisher.

Printed in the United States of America, North Mankato, Minnesota.

102017
012018

THIS BOOK CONTAINS
RECYCLED MATERIALS

Spanish Translator: Maria Puchol

Photo Credits: iStock, Shutterstock

Production Contributors: Teddy Borth, Jennie Forsberg, Grace Hansen

Design Contributors: Dorothy Toth, Laura Mitchell

Publisher's Cataloging in Publication Data

Names: Hansen, Grace, author.

Title: La migración de la ballena jorobada / by Grace Hansen.

Other titles: Humpback whale migration. Spanish

Description: Minneapolis, Minnesota : Abdo Kids, 2018. | Series: La migración animal |
     Includes online resources and index.

Identifiers: LCCN 2017945910 | ISBN 9781532106415 (lib.bdg.) | ISBN 9781532107511 (ebook)

Subjects: LCSH: Humpback whale--Juvenile literature. | Humpback whale--Behavior--Juvenile literature.
     Animal migration--Juvenile literature. | Spanish language materials--Juvenile literature.

Classification: DDC 599.5--dc23

LC record available at https://lccn.loc.gov/2017945910

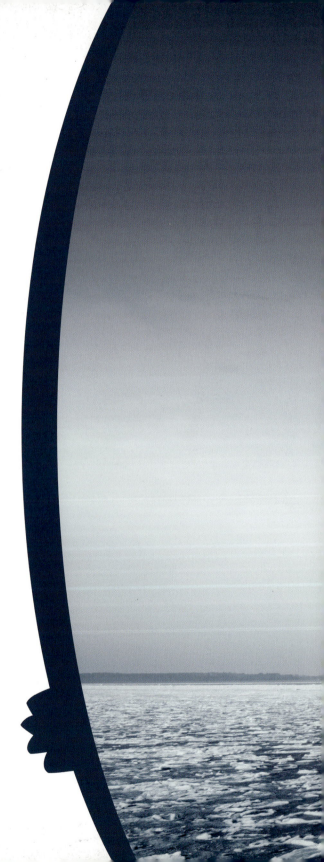

Contenido

La ballena jorobada

Se pueden ver ballenas jorobadas en todos los océanos del mundo. Un gran número de ellas vive al norte del océano Pacífico. Estas ballenas pasan su tiempo en las frías aguas de Alaska.

Las ballenas jorobadas se alimentan durante los meses de verano. El agua alrededor de Alaska es muy rica en **nutrientes**. Estas enormes ballenas tienen mucho alimento en esta zona.

Aguas más cálidas

Las ballenas jorobadas migran a aguas más cálidas cada otoño. Algunas de las ballenas que viven al norte del Pacífico nadan hasta las islas hawaianas.

Alaska

Islas hawaianas

9

Para este largo viaje las ballenas jorobadas nadan casi 3,000 millas (4,828 km). Tardan de 6 a 8 semanas.

Las madres y sus **ballenatos**

son los primeros en llegar.

Después llegan los machos con

el resto de las hembras.

Las últimas en llegar son las hembras embarazadas. Se quedan para comer el máximo antes de migrar hacia el sur. Necesitan una capa más grande de grasa en sus cuerpos para aguantar el largo viaje.

Las ballenas jorobadas migran por dos razones principales. Durante los meses de invierno **se aparean** y las nuevas crías nacen. Los **ballenatos** tienen más probablilidad de sobrevivir en aguas tranquilas y cálidas.

Las ballenas jorobadas casi no se alimentan durante los meses de invierno. Su comida favorita no se encuentran en aguas **tropicales**. Por eso durante el invierno pierden un tercio de su peso.

El viaje de regreso

Cuando llega la primavera las ballenas jorobadas nadan de regreso a Alaska. Tienen que volver al norte para comer mucho durante el verano. ¡Necesitan alimentarse!

Rutas migratorias

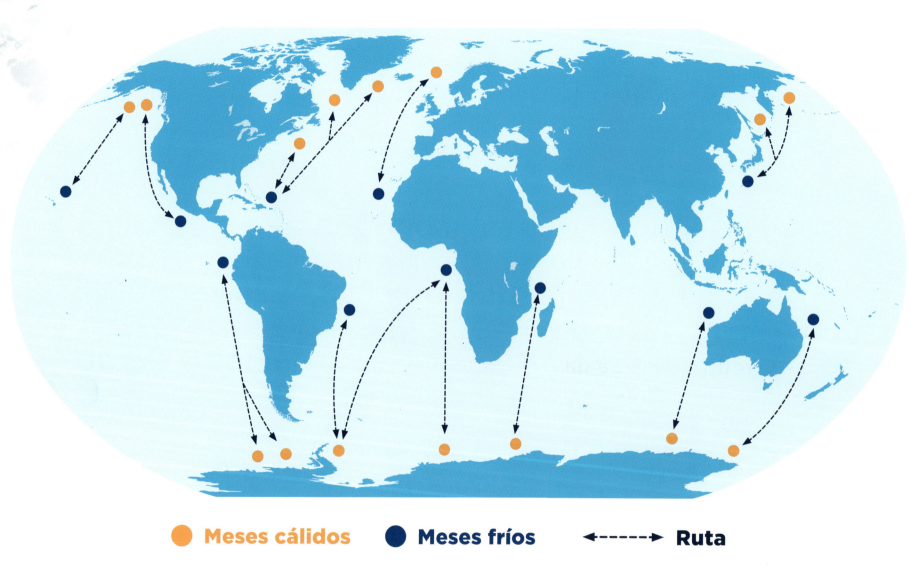

🟠 **Meses cálidos** 🔵 **Meses fríos** ◀------▶ **Ruta**

Glosario

aparearse – juntar machos y hembras de animales para tener crías.

ballenato – ballena recién nacida.

nutriente – sustancia esencial para el crecimiento y el mantenimiento de la vida.

tropical – donde las temperaturas son altas y las plantas crecen durante todo el año. Se da en lugares cerca del ecuador.

Índice

Abdo Kids ONLINE

FREE! ONLINE MULTIMEDIA RESOURCES

¡Visita nuestra página **abdokids.com** y usa este código para tener acceso a juegos, manualidades, videos y mucho más!

Código Abdo Kids:
AHK0284